LE ...NT DES CARMES

...ES MARTYRS

Hic ceciderunt

PARIS

...RIE M. MAUGERET, 120, RUE LAFAYETTE

1891

M. MAUGERET

LE

COUVENT DES CARMES

ET SES MARTYRS

Hic ceciderunt.

PARIS

IMPRIMERIE M. MAUGERET, 120, RUE LAFAYETTE

1890

DÉDICACE

A Monseigneur d'Hulst,

RECTEUR DE L'INSTITUT CATHOLIQUE.

Monseigneur,

Vous êtes appelé à remplacer dans la chaire de Notre-Dame l'illustre fils de saint Dominique qui fut, avant vous, l'hôte inoublié du Couvent des Carmes ; c'est en raison de cette double coïncidence que je vous prie de vouloir bien agréer la dédicace de l'étude que j'ai consacrée à cette pieuse demeure, qui abrita tour à tour les saints moines, les généreux martyrs et les grands apôtres dont vous perpétuez fidèlement la glorieuse tradition.

Daignez agréer, Monseigneur, l'expression de mes plus respectueux hommages.

M. MAUGERET.

LE

COUVENT DES CARMES

ET SES MARTYRS

Emporté dans le tourbillon incessant de la vie fiévreuse qui l'absorbe et le dévore, le Parisien, qui explore chaque année tant de pays plus ou moins lointains, ne connaît pas Paris. Pendant des mois, pendant des années, pendant toute sa vie, il passe auprès de choses que les étrangers vienent visiter du bout du monde, et chaque jour il se dit : « J'ai bien le temps. » Or un jour, il arrive que, docile instrument du goût tout moderne de l'alignement et du besoin plus impérieux que jamais de donner de l'air, beaucoup d'air à nos générations anémiées, la pioche des démolisseurs passe, s'attaquant aujourd'hui à quelque vieux sanctuaire ignoré, demain à quelqu'un de ces merveilleux bijoux de pierre que bâtissaient et ciselaient nos patients aïeux ; et le Parisien, en apprenant par son journal que c'en est fait de ces vestiges du passé, se rappelle qu'il a dit pendant vingt ans : « J'ai bien le temps. »

Ce vandalisme officiel de démolition enlève chaque jour dans Paris d'incomparables chefs-d'œuvre d'architecture, connus, le plus souvent, des seuls archéologues, qui en portent le deuil inconsolable, et arrache du grand livre de pierres où les générations successives ont écrit, ont vécu leur histoire, des feuillets que rien ne remplacera jamais ; car ces pierres autour desquelles s'est déroulée l'histoire, elles en conservent le reflet, elles la racontent avec une imperturbable mémoire ; elles la revivent, pour ainsi dire ; aussi, quand elles disparaissent à leur tour, quand elles meurent à leur manière, il semble qu'avec elles et en elles le passé meure une seconde fois. Et cependant, quand elles tombent au nom de l'hygiène, ce véritable « bien public », on ose à peine protester au nom de l'histoire ; mais du moins ne convient-il pas de leur donner un dernier regard d'adieu, ne serait-ce que pour pouvoir dire à ceux qui viendront après nous et ne les trouveront jamais sur leur chemin : « Je les ai vues, moi, ces pierres qui avaient vu tant de choses. »

Mais si une simple curiosité, mêlée du vague respect qui s'attache à tout ce qui n'est plus, à tout ce qui va cesser d'être, nous invite à visiter les monuments historiques condamnés à disparaître, il en est auxquels il convient de faire, avant qu'ils tombent, un pélerinage de respectueux adieu. Tel est l'ancien couvent des Carmes de la rue de Vaugirard. Ces vieilles murailles délabrées, zébrées de longues et profondes lézardes qui les sillonnent du haut en bas, vont être démolies, et l'année prochaine, peut-être, il ne restera plus rien de ce qui fut le couvent des Carmes Déchaussés ; ces vieux murs tomberont. sur lesquels l'œil ému lit ces mots qui leur font comme une auréole de gloire et de sang : *Hic ceciderunt !*

Oui, c'est ici qu'ils sont tombés ; c'est ici, dans ce nouveau Colysée, que les confesseurs de la foi ont été jetés en pâture, non plus aux lions excités par les hurlements du peuple, mais au peuple lui-même, vil troupeau de bêtes fauves mille fois plus féroces que les lions de l'arène antique ; c'est ici, dans ce jardin du nouveau Gethsémani, qu'ils ont subi les angoisses de l'agonie et cueilli les palmes sanglantes du martyre. et c'est ici, dans ces pieuses catacombes, que reposent les ossements glorieux de ceux qui ont combattu le bon combat.

Un peuple qui a dans son histoire l'effroyable chapitre qui se résume en un seul mot, *Quatre-vingt-treize*, eût-il dans son passé toutes les gloires qui ont fait de la France le premier pays du monde, le jour où la main de Dieu s'appesantit sur lui, il doit frapper humblement sa poitrine, et longtemps courber la tète sous les fléaux vengeurs, car nul ne sait ce qu'il faut de siècles, ce qu'il faut de larmes pour effacer la trace du sang innocent répandu entre le parvis et l'autel. La Révolution française, née d'une pensée généreuse, dévia si promptement et si complètement de son but initial, qu'elle devint bien vite ce qu'elle restera éternellement dans les annales des peuples civilisés, le plus exécrable forfait dont l'humanité se soit souillée. Née d'une pensée généreuse, nous le répétons avec intention, de la volonté très sincère de modifier un état de choses qui avait eu son utilité, quoi qu'on en dise, et son incontestable grandeur, mais qui avait fait son temps et en se survivant devenait un abus; brusquée par les impatiences de ceux qui voulaient jouir, à leur tour, et jouir tout de suite, la Révolution française, navire d'eau douce jeté dans les houles furieuses de l'océan, manqua d'une main de fer à son gouvernail. Au lieu d'un Louis XIV pour l'écraser du talon de sa botte, ou d'un Louis XI pour la diviser et la neutraliser par elle-même, elle eut un Louis-le-Débonnaire qui ne sut que se laisser égorger, victime résignée de l'holocauste royal que réclamait sans doute la justice divine pour laver de royales souillures.

Du sang, du sang, encore et toujours et partout du sang !... C'est avec des flots de sang que la Révolution française a écrit dans l'histoire ses quelques bienfaits et ses innombrables forfaits. A Dieu seul appartient le droit de juger de combien dans la balance ceux-ci l'emportent sur ceux-là; cependant la postérité, à mesure qu'elle s'éloigne des évènements accomplis, et que s'endorment les passions qui les ont fait naître, a le droit de citer les hommes et les choses devant son tribunal, pour les vouer à la bénédiction ou à la malédiction des siècles à venir. Les grandes passions soulevées par la Révolution française sont trop profondément humaines pour que, un siècle après, l'heure soit encore venue de les juger avec la froide impartialité qui s'attache aux passions éteintes; les « droits de l'homme » ne cesseront plus désormais de passionner l'homme; en leur nom, il fera la Commune, comme il a fait Quatre-vingt-treize, applications à peine diverses d'un même principe : jouir, par un même moyen : tuer. Sans doute les procédés varieront, la science aidant : le pétrole remplacera la pique, les septembriseurs s'appelleront les fédérés, la scène se passera à la Roquette au lieu de se passer aux Carmes ou à l'Abbaye, les victimes s'appelleront Darboy au lieu de s'appeler Dulau ou La Rochefoucauld ; mais devant les faces hideuses des bourreaux altérés de sang, ceux d'hier comme ceux d'aujourd'hui, le moraliste s'arrêtera, saisi d'un même dégoût, et se demandera avec une égale stupeur combien il peut rester de la bête fauve dans le cœur d'un être à face humaine.

Si la Révolution française, en raison de l'importance et surtout de l'actualité indéfinie des intérêts qu'elle a soulevés, échappe encore et peut-être échappera toujours, dans son ensemble, à l'impartialité des jugements humains, il n'en est pas de même de certains épisodes qui se sont produits au cours de cette sinistre période et sur lesquels le jugement de l'histoire est définitif et sans appel. Telles sont, entre autres, les scènes de cannibales connues sous le nom de Massacres dans les prisons ; telle fut, tout particulièrement, la journée du 2 septembre 1792, à laquelle il n'y a qu'un nom qui convienne : la journée des fauves.

Il n'entre pas dans notre plan de relater en détail les circonstances qui amenèrent les massacres des Carmes et de l'Abbaye Tout le monde sait avec quelle rapidité vertigineuse s'enchaînaient et se succédaient, en cette terrible année 1792, les évènements qui devaient aboutir à l'échafaud de la place de la Concorde. Le manifeste imprudent du duc de Brunswick, quoique hautement désavoué par Louis XVI, avait amené la journée du 10 août, l'envahissement des Tuileries, le massacre des Suisses, ces fidèles des fidèles, la retraite du roi dans le sein de l'Assemblée, sa déchéance et sa captivité. A son tour, la journée du 10 août, qui révélait les excès dont l'Assemblée était capable, amena les dégoûts et les désertions, la fuite de La Fayette avec son état-major, le soulèvement de l'héroïque Vendée, la prise de Longwy, l'investissement de Verdun. Enfin, la nouvelle des succès de l'armée prussienne, mettant le comble à l'exaspération d'une population surexcitée par les déclamations des agitateurs, amena le massacre dans les prisons.

Le Temple, l'Abbaye, le couvent des Carmes étaient remplis de nobles, coupables du crime de leur naissance, et de prêtres, coupables du crime de fidélité à l'Eglise romaine. L'assemblée Constituante, sur la proposition du trop fameux évêque d'Autun, Talleyrand-Périgord, avait décrété la confiscation des biens du clergé, évalués à quatre milliards; après la confiscation des biens, l'Assemblée avait décrété la confiscation des consciences, sous le nom de Constitution civile du clergé : ceci était l'œuvre du jansénisme, le dernier battement de ce cœur venimeux. On évalue à cinquante mille, sur soixante mille qui composaient le clergé français, les prêtres qui refusèrent le serment schismatique. L'abbé Grégoire, curé d'Emberménil, en Lorraine, eut le triste courage de se présenter le premier pour souscrire au décret de l'Assemblée : ce fut le premier des apostats. Parmi les cent trente-cinq évêques qui composaient le clergé français, quatre seulement acceptèrent la Constitution : Loménie de Brienne, ancien ministre, Savines, évêque de Viviers, Gobel, évêque de Lydda *in partibus*, et enfin Talleyrand, qui, allant plus loin dans la voie de l'apostasie, ne tarda pas à abandonner la carrière ecclésiastique et commença la vie la plus étrange, la plus aventureuse de l'époque contemporaine.

Les prêtres réfractaires furent dépouillés de leurs biens et de leurs fonctions, menacés et traqués dans les retraites où ils se réfugiaient pour continuer leur ministère aux fidèles qui refusaient celui des prêtres assermentés. Quelques uns passèrent en Angleterre, où ils trouvèrent une généreuse hospitalité, dont la récompense ne se fit pas attendre. En effet, c'est de cette époque que date le grand mouvement ininterrompu qui ramène lentement mais sûrement l'Ile des Saints dans le giron de l'Eglise romaine. Ceux qui restèrent en France, et surtout à Paris, furent bientôt découverts et jetés pêle-mêle dans les prisons.

Or, le 2 septembre 1792, il y avait dans le couvent des Carmes de la rue de Vaugirard environ deux cents prêtres, que la Commune y avait envoyés depuis le 11 août. La section du Luxembourg, installée dans l'ancien séminaire de Saint-Sulpice, avait montré d'autant plus de zèle pour obéir aux ordres de la Commune, que sa circonscription comprenait une quantité considérable de couvents et de maisons habitées par des prêtres réfractaires, groupés autour ds Saint-Sulpice, alors comme aujourd'hui le cœur de la vie sacerdotale. Enfermés dans l'église du couvent, sous la surveillance d'une garde qui n'avait d'autre mot d'ordre que sa haine excitée par les vociférations des clubs, les prisonniers eurent à souffrir toutes les horreurs d'une captivité arbitraire, sans espoir d'aucune justice en ce monde, mais adoucie et comme illuminée par l'héroïsme du sacrifice accepté. Entre ces prêtres de tout âge, de tout pays, de toute naissance, s'établit une merveilleuse union de charité qui rappelait les touchantes communautés chrétiennes des premiers âges attendant le martyre dans le silence des catacombes. A leur tête, et les encourageant par son inaltérable patience et sa sereine grandeur d'âme, était Mgr Dulau, que son titre d'archevêque d'Arles désignait tout particulièrement aux fureurs des Marseillais. A côté de lui, deux frères portant l'un des grands noms de France, auquel il ne manquait que l'illustration du martyre, François-Joseph et Pierre-Louis de la Rochefoucauld, le premier, évêque de Beauvais, le second, évêque de Saintes. Unis par la plus tendre affection, ils avaient été arrêtés le 11 août, dans une maison qu'ils habitaient ensemble, et l'évêque de Saintes, que ne visait point l'ordre de la Commune, avait voulu partager le sort de son frère. La mort même ne devait point les séparer. Les autres prêtres renfermés aux Carmes appartenaient au clergé séculier et au clergé régulier : il y en avait de tous les diocèses, il y avait des Eudistes, des Bénédictins, des Cordeliers, des Jésuites, des Sulpiciens en grand nombre, des Clercs de Saint-Sulpice, des Robertins, des prêtres de la communauté de Saint François de Sales, de la communauté de Laon, des Capucins. Il semblait que tous les Ordres religieux eussent tenu à se faire représenter dans ces grandes assises de la foi au serment sacerdotal, afin que leur nom fût inscrit dans l'apothéose du martyrologe.

Tandis que le peuple de Paris, soulevé par un indescriptible enthousiasme, s'enrôlait en masse pour voler à la frontière envahie, le sombre Danton, qui avait fait déclarer « la patrie en danger », imaginait pour la sauver un moyen bien autrement efficace que la levée en masse des volontaires. « De l'audace ! encore de l'audace! toujours de l'audace ! » A des hommes ivres, du vin, encore et toujours du vin ! A des tigres, du sang, encore et toujours du sang ! Les membres de l'assemblée Législative ne sanctionnèrent pas tous l'odieuse proclamation, dont ils ne comprenaient que trop bien le sens à peine dissimulé : c'était la Législative, ce n'était pas encore la Convention. Mais le peuple comprit, lui, et il osa.

Le lendemain du jour où la mention sanguinaire de Danton souillait la tribune française, les prisonniers des Carmes virent remplacer la garde nationale, jusque là préposée à la surveillance du couvent, par des individus sans uniforme, coiffés de bonnets rouges et armés de piques. Ils comprirent que le dénouement était proche. Agenouillés sur les dalles de la chapelle qui leur servait de prison, ils redoublaient de ferveur et s'exhortaient les uns les autres au sacrifice suprême : ainsi faisaient les martyrs dans l'arène où rugissaient les Romains et les lions. Vers quatre heures, ordre leur fut donné de se rendre tous au jardin ; on y poussa les malades et les vieillards qui pouvaient à peine se traîner. Pendant ce temps, la section du Luxembourg délibérait sur les moyens à prendre pour sauver la patrie, et du haut de la chaire transformée en tribune, un énergumène, du nom ironique de Prière, déclarait que, pour lui, il ne bougerait pas de Paris tant qu'on ne l'aurait pas débarrassé des dangereux individus renfermés dans les prisons, et notamment aux Carmes. Il était certainement très vraisemblable que lorsque les braves à la façon du citoyen Prière seraient partis pour la frontière, les prêtres entassés dans les prisons s'en échapperaient par enchantement et courraient assassiner les femmes et les enfants des défenseurs de la patrie ! Quelques uns des assistants essayèrent de faire entendre que tous les détenus n'étaient peut-être pas coupables, et qu'avant de les massacrer, il importerait de les faire juger par une commission qui pourrait être nommée immédiatement. La « justice du peuple » n'avait pas le temps de juger, elle n'avait que le temps d'exécuter. En vain les quelques honnêtes gens qui restaient encore à la section s'efforcèrent-ils d'obtenir du commandant Tanche qu'il envoyât un détachement pour protéger les prisonniers; le commandant ne bougea pas : il savait qu'il ne serait pas désavoué.

Une bande d'assassins, où les Marseillais étaient en nombre, se précipita aussitôt vers les Carmes, et envahissant toutes les cellules qui donnaient sur le jardin, se mit à injurier et à menacer les prisonniers. Ceux-ci se réfugièrent dans les charmilles et dans un petit oratoire situé tout au fond du jardin, où ils commencèrent à réciter les vêpres du dimanche. Les bandits restaient toujours aux fenêtres, et semblaient attendre un signal. Tout à coup on entendit des hurlements dans la rue Cassette ; alors les premiers arrivés se précipitèrent vers la porte du jardin et livrèrent passage aux nouveaux venus. S'estimant en nombre, ils commencèrent leur hideuse besogne. A coups de piques, à coups de fusils, ils se ruèrent sur les prisonniers. L'abbé Girault, directeur des religieuses de Sainte Elisabeth, fut la première victime ; agenouillé auprès du bassin qui occupait le milieu du jardin, il ne leva même pas les yeux à l'approche des bourreaux, et s'en alla sans une plainte achever son bréviaire dans le ciel. Un second groupe d'assassins s'était dirigé vers l'oratoire ; l'archevêque d'Arles, qui se trouvait à l'entrée de l'allée, fut massacré avec des raffinements de barbarie qui ne lui arrachèrent pas une plainte. Enfin les bandits, déjà tout couverts de sang, arrivèrent à l'oratoire, où ils trouvèrent tous les prêtres à genoux, qui venaient de s'entre-donner l'absolution. « Nous ne pouvons être mieux qu'au pied de la croix pour faire à Dieu le sacrifice de notre vie », avait dit l'abbé Després, vicaire général de Paris. Ce fut un carnage, une tuerie, quelque chose d'indescriptible ; le sang ruissela de toutes parts. L'évêque de Beauvais fut atteint d'un coup de feu qui lui fracassa la cuisse.

Cette première partie de l'horrible drame avait duré à peine un quart d'heure. « Arrêtez ! cria tout à coup une voix du haut d'une fenêtre du couvent, ce n'est pas comme cela qu'il faut s'y prendre. » C'était Maillard, le chef de la seconde bande, qu'il avait ramenée de l'Abbaye, lorsqu'il avait jugé « qu'il n'y avait plus rien à y faire. » Les survivants furent reconduits brutalement à la chapelle ; dans le brouhaha, quelques uns parvinrent à s'échapper, soit en franchissant les murs, soit en se réfugiant dans un réduit d'où ils purent sortir après le carnage. Il entrait dans les vues de la Providence qu'il restât des témoins pour dire un jour à l'histoire qui étaient les bourreaux et comment tombèrent les victimes.

L'huissier Maillard ne perdait point son temps. Pendant que l'on achevait de massacrer dans le jardin ceux qui n'avaient pas pu rentrer à la chapelle, il s'était fait apporter la liste des prisonniers et procédait à l'appel nominal ; deux par deux les condamnés étaient amenés devant ce digne chef d'assassins. Il leur demandait s'ils voulaient prêter le serment à la Constitution. Cela aussi entrait dans les vues de la Providence : il fallait bien qu'on sût pourquoi ils étaient morts. Ainsi Pilate avait fait placer tout en haut de la croix l'inscription qui portait en quatre langues la cause de la condamnation du Christ : *Roi des Juifs*.

Le cynique « Elargissez ! » résonnait de minute en minute ; les prêtres suivaient le petit corridor qui mène au perron, et là, ils tombaient ! *Hic ceciderunt !...*

L'évêque de Beauvais, appelé à son tour, se souleva sur le matelas où on l'avait rapporté du jardin après sa blessure. « Me voici, dit-il, je ne refuse pas d'aller mourir comme les autres ; mais vous voyez que je ne puis marcher. Ayez, je vous prie, la charité de me soutenir et de me porter vous-mêmes où vous voulez que j'aille. » Les Marseillais eurent cette « charité » ; ils le portèrent à la mort.

Environ cent-vingt prêtres et un laïque, M. Régis de Valfons, ancien officier au régiment de Champagne, qui n'avait pas voulu se séparer de l'abbé Guilleminet, son confesseur et son ami, périrent ainsi en moins de deux heures. La mort de l'évêque de Beauvais termina le massacre général. Maillard et sa bande retournèrent à l'Abbaye, et les autres se dispersèrent dans le couvent pour y passer la nuit dans d'inexprimables orgies.

Après le carnage, le pillage ; après les tigres, les chacals ! Une populace ignoble pénétra dans le couvent pour se repaître de la vue des cadavres, et tandis que les anges du Seigneur veillaient auprès des saintes dépouilles des martyrs, les démons de la terre et de l'enfer exécutaient à l'entour leur hideuse sarabande.

Cependant il était urgent de faire disparaître tous ces corps sanglants, qui pouvaient devenir un danger pour le voisinage. Si les douces victimes qui s'étaient laissé égorger sans pousser même une plainte, allaient se venger maintenant, et à leur tour donner la mort à leurs bourreaux ! La section veillait. Dès le lendemain matin elle envoya des hommes à elle pour procéder au dépouillement des morts. Les sans-culottes se disputèrent les vêtements des victimes, et la section dut intervenir pour que chacun n'en gardât qu'un seul, et que le reste fût distribué aux pauvres. Comme au Golgotha, les valets des bourreaux se disputaient les vêtements ensanglantés des victimes. L'opération terminée, on fit venir deux chariots, qui emportèrent un certain nombre de corps au cimetière de Vaugirard, où une large fosse était creusée depuis trois jours. La section du Luxembourg était prévoyante.

Un mystère qui semblait à jamais impénétrable plana longtemps sur le lieu de sépulture des victimes du 2 septembre. Le couvent des Carmes avait subi toutes sortes de vicissitudes. Transformé en *Bal des Tilleuls,* puis en maison de détention, puis racheté par une pieuse carmélite, en souvenir de la captivité de son père pendant la Terreur, cédé par elle à Mgr Affre, qui y établit l'école des Hautes Études et la communauté des Prêtres auxiliaires, remplacés plus tard par les Dominicains du Père Lacordaire, le couvent des Carmes, à travers toutes ces transformations, ne rappelait plus que vaguement aux esprits préoccupés d'autres soucis, le souvenir des martyrs de Quatre-vingt-douze ; et l'on ne songeait plus à vérifier la légende, qui s'obstinait à soutenir qu'ils avaient été enterrés dans le jardin même. Sur le bord de la rue d'Assas se trouvait un puits comblé, surmonté d'une croix de bois, dans lequel la tradition prétendait que les corps avaient été jetés. Cette tradition, opposée aux actes officiels, qui désignaient Vaugirard comme lieu de sépulture des prêtres tombés sous le glaive de la « justice du peuple », était accueillie par trois écrivains qui avaient fait une étude approfondie de la question, (1) et d'ailleurs elle avait toutes les apparences de la vérité. Cependant l'un d'eux, M. Sorel, ébranlé par la précision des rapports officiels, inclinait à croire que l'inhumation avait eu lieu à Vaugirard, et il demandait qu'on élucidât la question en faisant des fouilles dans le puits de la rue d'Assas, communément appelé *Puits des Martyrs.*

Les choses en étaient là, quand la Ville de Paris décréta le prolongement de la rue de Rennes. Dans le contrat de vente passé en 1797, il avait été stipulé que l'adjudicataire abandonnait à la Ville le terrain nécessaire au percement de deux rues, dont l'une seulement, la rue d'Assas, avait été ouverte jusqu'alors. Les besoins nouveaux de la circulation modifiant le plan antérieur, la rue de Rennes avait été commencée, et la Ville réclamait, pour la prolonger, les terrains qui lui avaient été concédés. Avant de s'en dessaisir, l'administration diocésaine voulut faire exécuter les fouilles sollicitées par M. Sorel, et les architectes du diocèse furent chargés de procéder à la démolition, ou plutôt à l'enlèvement de la Chapelle des Martyrs et à la recherche des sépultures.

Le 15 mai 1867, on commença les travaux de la Chapelle des Martyrs ; avec tout le respect dû à ces précieuses reliques, on enleva les pierres, les dalles, les bancs de bois, tout ce qui gardait des taches de sang encore très apparentes, et on les transporta dans la cellule jadis occupée par Mme de Soyecourt, la pieuse carmélite qui avait racheté le couvent. Dans les fondations de la chapelle, on trouva une médaille commémorative portant l'effigie de Louis XIII, avec la date MDCXXX, XXVII octobre.

On s'occupa ensuite du Puits des Martyrs ; on le déblaya avec le plus grand soin, mais on n'y trouva que des ossements d'animaux.

---

(1) M l'abbé Lalanne, ancien directeur de l'école des Hautes Etudes, puis directeur de Stanislas, dans sa *Notice Historique* sur le couvent des Carmes ; M. Granier de Cassagnac, dans son *Histoire des Girondins et des massacres de septembre ;* et enfin M. Sorel, dans son livre *Le Couvent des Carmes et l'Ancien Séminaire de Saint-Sulpice,* ouvrage remarquablement consciencieux, dont les données ont été puisées aux sources les plus authentiques, mais dont l'édition est malheureusement épuisée.

Les architectes n'en furent pas très surpris car, selon la judicieuse remarque de M. Sorel, « il était peu vraisemblable que les massacreurs eussent pris la peine d'aller jeter eux-mêmes des cadavres dans ce puits, qui est à une certaine distance de l'endroit où le massacre s'était accompli ; s'ils avaient voulu user d'un pareil procédé, il existait dans le grand jardin, non loin de l'escalier où l'on égorgeait, un autre puits qui aurait pu mieux leur servir ; et cependant jamais on n'a dit qu'il ait reçu la moindre victime. »

Pendant qu'on déblayait le puits de la rue d'Assas, on exécutait des fouilles dans la crypte de la grande chapelle, dont les murs étaient couverts d'inscriptions funéraires. On avait l'intention de réunir dans une seule chapelle les cendres qui pourraient s'y trouver encore, afin de déposer dans cette crypte les ossements qu'on pensait trouver dans le jardin. Sous la terre comme à la surface, il faut serrer les rangs pour faire place à ceux qui viennent réclamer à leur tour un champ de bataille pour la vie, un lit de repos pour la mort. Ce ne furent pas seulement quelques sépultures que l'on trouva, mais bien un véritable cimetière presque à fleur de terre, une sorte de fosse commune, au milieu de laquelle émergeaient un cercueil de bois complètement vide et un autre en plomb, sans aucune inscription : jusque dans la mort, l'hôte du cercueil gardait son secret, de Dieu seul connu. En présence d'un pareil ossuaire, on ne jugea pas à propos de continuer le travail : la place était trop encombrée, trop saturée de poussière humaine, pour être consacrée à de nouvelles sépultures.

Les recherches pratiquées dans le puits de la rue d'Assas n'ayant donné aucun résultat, les architectes consultèrent le plan d'expert annexé à l'acte de vente, et ils y trouvèrent bien la mention d'un autre puits, dont l'emplacement était suffisamment précisé, mais dont il ne restait plus trace sur le terrain. On en releva la place, d'après les données du plan, et l'on découvrit bientôt une voûte recouverte de terre végétale, sous laquelle on ne tarda pas à rencontrer des ossements. Ils occupaient dans le puits une zône de trente centimètres d'épaisseur, sur un diamètre d'un mètre quatre-vingts centimètres, et reposaient sur un lit de chaux de vingt centimètres ; au-dessous de cette première couche s'étendait un immense ossuaire de près de deux mètres de profondeur. Il n'y avait plus à en douter, on se trouvait en présence du reliquaire dans lequel, depuis soixante-quinze ans, la terre gardait les dépouilles des victimes. On les transporta, comme on avait fait des débris de la Chapelle des Martyrs, dans la cellule de Mme de Soyecourt pour les soumettre à l'examen médical. Après la couche d'ossements, on retira du puits des débris de toute sorte, des branches d'arbre, des faïences artistiques ou grossières, des assiettes qui portaient dans un cercle bleu l'inscription : *Carmes Déch.*, ou simplement les initiales *C. D.*, des lampions, des écailles d'huîtres, des bouteilles, une cuillère, une quantité de cloches de maraîcher, du plomb de vitraux, un couteau rouillé, des pelles, des bêches, en un mot, les objets les plus disparates, racontant à leur façon les multiples vicissitudes du couvent.

Les ossements, séparés des matières étrangères avec lesquelles ils avaient été ensevelis, formaient un cube de deux mètres environ.

L'examen du docteur Drouillard, médecin de la Faculté de Paris, et frère des architectes diocésains, porta sur quatre points principaux : le nombre des corps, le sexe, l'âge et les circonstances probables de la mort et de l'inhumation. Ce fut un travail de reconstitution digne de ceux de Cuvier. Nous ne le suivrons pas dans ses détails techniques, quelque intéressants qu'ils soient, renvoyant pour cela nos lecteurs à l'article : Deux Documents concernant l'inhumation des victimes du Massacre des Carmes, publié dans le *Bulletin du Comité d'Histoire et d'Archéologie du diocèse de Paris*, du mois d'octobre 1883, et nous dirons seulement ici que le minutieux inventaire dressé par le docteur Drouillard établissait d'une façon irréfutable ceci : Le nombre des morts jetés dans le puits s'élevait à quatre-vingt-dix ou quatre-vingt-quinze. Il s'y trouvait deux, peut-être même trois femmes, et trois enfants au-dessous de dix ans. Malgré le long enfouissement dans la terre, presque tous les ossements portaient des traces encore très évidentes de blessures, la plupart à la tête. Enfin, ils provenaient bien de corps enterrés tout entiers, et non point de quelque transbordement de cimetière, comme on pouvait le supposer, en songeant à ces horribles jours, où les morts n'étaient guère plus tranquilles que les vivants.

La terre avait rendu ses hôtes et livré les secrets que depuis trois quarts de siècle elle cachait dans son sein. Il fallait maintenant offrir ces précieuses reliques à la vénération des fidèles. La place était tout indiquée. *Hic ceciderunt !...* C'est au lieu même où ils ont combattu le suprême combat, c'est au lieu où les agneaux sont tombés sous la dent des loups, qu'il convenait de leur dresser un autel.

Allez, au matin du 2 septembre de chaque **année**, et pendant toute la semaine qui suit, à la chapelle des Carmes de la rue de Vaugirard. Là, après la dernière messe, qui se dit dans la chapelle souterraine pendant l'octave des Martyrs, vous verrez se dérouler sous vos yeux, dans le cadre même où elles se sont accomplies, les lugubres scènes de cette journée de carnage. Voici, en sortant de la chapelle par la sacristie, le corridor par lequel les prisonniers

échappés au massacre du jardin passèrent pour se rendre à l'appel
de leur nom ; voici, au bas de cet escalier, la place où Maillard avait
installé son tribunal sommaire, le tribunal de la « justice du peuple » ; cet autre corridor, c'est celui par lequel ils arrivèrent au perron où les assassins les attendaient ; c'est sur ces marches, toutes
vermoulues aujourd'hui, envahies par les mousses et les herbes
folles qui les font semblables à d'antiques pierres tumulaires, c'est
dans cette *sancta scala* qu'il faudrait gravir à genoux, qu'ils sont
tombés baignés dans leur sang ; c'est là, sur ce sable où roulent
quelques hâtives feuilles mortes, que les cadavres amoncelés ont
passé la nuit entre les anges de Dieu et les démons de l'enfer ; voici
le banc de pierre auprès duquel était agenouillé l'abbé Girault, la
première victime du massacre ; voici, sur le mur, un encadrement
de plâtre qui marque l'endroit où un prêtre a été frappé ; voici les
grandes charmilles où les prisonniers venaient, pendant leur détention, prendre un peu l'air et s'exhorter au martyre prochain ; voici,
au-dessus du perron, la fenêtre par laquelle Maillard hurla l'ordre
de cesser le massacre pour s'y prendre autrement.

Et maintenant, si nous quittons ce jardin, ce mélancolique jardin
des Oliviers, voici la crypte où reposent ceux qui se sont endor-
mis dans la paix du Seigneur. « Quittez votre chaussure, disait
l'ange biblique à Jacob, car le lieu où vous êtes est saint. » L'Eglise,
qui a placé ces paroles dans sa liturgie du jour de la Dédicace, aurait pu les graver sur la porte de la catacombe parisienne où, par
une singulière coïncidence, la victime de la Commune de 1870
réunissait les ossements des martyrs de la Commune de 1792. Dans
la grande salle par laquelle on accède à la chapelle souterraine,
voici les inscriptions funéraires relatives aux sépultures antérieu-
res à la Révolution : de grands noms mêlés aux noms des humbles
fils du Carmel ; au fond, derrière l'autel, la noble femme qui fut
l'ange gardien de cette demeure des morts, Mme de Soyecourt, en-
tourée de quelques unes de ses compagnes ; cette colonne, au milieu, c'est celle auprès de laquelle le Père Lacordaire accomplissait
ces effroyables mortifications que le Père Chocarne, son historien,
a tirées de l'obscurité de ce sanctuaire, pour les offrir à l'admira-
tion étonnée de notre siècle sensualiste ; cette statue de la Sainte
Vierge, adossée à la colonne, c'est celle qui était dans la Chapelle
des Martyrs, et qui garda longtemps des taches de sang, aujour-
d'hui détruites par l'humidité du caveau.

Voici maintenant le sanctuaire des morts. La décoration en est
merveilleusement adaptée à sa destination ; mais toutefois ce n'est
point là qu'est l'intérêt. Il est dans ces deux monuments en forme
de tombeaux, qui montrent les crânes fracassés des martyrs ; il est

dans ces cippes de marbre noir qui portent en lettres d'or cent dix-sept noms ! le martyrologe du 2 septembre ; il est dans cette inscrip-tion empruntée au Livre des Machabées : *Noluerunt infrigere legem Dei sanctum, et trucidati sunt.* Comme les fils de cette vaillante fem-me qui n'a point d'autre nom dans l'histoire que celui de ses fils, deux fois enfantés par elle, la « mère des Machabées », les fils de la vaillante Eglise de France « n'ont point voulu enfreindre la sainte loi de Dieu, et ils ont été immolés ! » et dans cette autre inscription, qui semble un enseignement aux vivants plus encore qu'une glori-fication des morts : « *Visi sunt oculis insipientium mori, illi autem sunt in pace.* » Ils ont semblé morts aux yeux des insensés, et voici qu'ils sont en paix. L'intérêt ! il est dans ces deux caveaux qui lais-sent voir derrière leurs grilles l'entassement des ossements mêlés aux débris de toute sorte trouvés dans le puits. Guidée par cette haute prudence dont ne doit pas se départir une autorité qui a le droit de n'être pas discutée, l'Eglise n'a voulu offrir à la vénération des fidèles que des reliques d'une authenticité incontestable ; elle a fait parmi ces débris humains une sorte de hiérarchie, mettant au premier rang ceux qui portent les incontestables stigmates du mar-tyre, et laissant au second plan ceux qui pourraient susciter quel-que doute parmi les esprits lents à croire, comme parle l'Ecriture. L'intérêt ! il est encore dans ce caveau où l'on a réuni tout ce qui a pu être conservé de la Chapelle des Martyrs, les dalles sanglantes, le bois des bancs et un fac simile de l'oratoire. Le sol a été nivelé, comme dans la chapelle voisine, avec la terre retirée du puits.

Des ossements et de la poussière, un immense reliquaire où cha-que pierre, chaque grain de sable, pour ainsi dire, a son histoire, qui se résume en deux mots d'une grandiose éloquence : *Hic ceci-derunt,* tel est le couvent des Carmes, où les prêtres du Seigneur offrirent, sur les degrés de l'autel profané par leurs bourreaux, le sacrifice de leur sang uni à celui du Maître, en ce nouveau Golgotha.

Toute cette partie du couvent des Carmes sera conservée à la vénération des fidèles ; mais les bâtiments attenant à la chapelle et jadis occupés par les religieux vont disparaître, et l'aspect général, encore tout semblable à ce qu'il était en 1792, va être profondément modifié. Quoique les souvenirs qui s'y rattachent ne présentent pas le même intérêt que la chapelle et le jardin, ils méritent cependant d'être évoqués avant de s'envoler avec la poussière des démolitions.

Les religieux du Mont-Carmel vinrent en France en 1254, à la suite de saint Louis, et s'établirent sur les bords de la Seine « devers Charenton, dit Joinville, en un endroit où s'éleva plus tard le cou-vent des Célestins. En 1309, Philippe-le-Bel les installa au bas de la montagne Sainte-Geneviève, près de la place Maubert. Sous Philippe-le-Long, en 1386, ils achetèrent le collège de Dace, voisin de leur demeure devenue trop petite, et firent construire un vaste monastère avec une église ouvrant sur la rue Saint-Hilaire, actuellement rue des Carmes.

A la fin du XVIᵉ siècle, les Carmes réformés par sainte Thérèse, et qui portaient en Espagne le nom de Carmes Déchaussés, s'introduisirent en France, au moment de la mort d'Henri IV, et la régente les installa « au fauxbourg Sainct-Germain des Prez », dans un monastère qui fut béni le 22 mai 1611, jour de la Pentecôte, par le nonce Ubaldini, neveu du pape Léon XI et parent de la régente Marie de Médicis. Dans la maison qui devenait le monastère de Saint-Joseph, les Huguenots, écrit Claude Malingre, « avaient tenu leur presche, et les mondains faisaient leurs plus notables récréations. » Comme les individus, et plus qu'eux encore, car elles demeurent plus longtemps, les choses ont parfois d'étranges vicissitudes. Trois ans après leur installation, les Carmes commençaient la construction de l'église et du monastère actuels. La chapelle fut terminée en 1620, et trois ans après, dédiée solennellement sous l'invocation de saint Joseph, par Éléonor d'Estampes de Valençay, évêque de Chartres. La communauté prit une telle extension, que peu d'années après son installation, elle acquérait de vastes terrains qui formèrent un enclos borné à l'est par la rue Cassette, à l'ouest par la rue du Regard, au nord par la rue du « Chasse-Midi », et au sud par le chemin de Vaugirard. Ils firent construire sur la rue Cassette et sur la rue du Regard des hôtels qu'ils louèrent à des particuliers. Voici les noms de quelques uns des locataires de l'époque avec le prix des locations :

Rue Cassette (actuellement hôtel d'Hinnisdal, du nom d'une des sœurs de Mᵐᵉ de Soyecourt. . . .	1.000 livres.
M. et Mᵐᵉ Gouy d'Arcy, rue Cassette (actuellement nº 34)	4.223
Mᵐᵉ de Nermont.	2.900
Mᵐᵉ de Mosnac.	2.100
M. et Mᵐᵉ Moore. (Ces deux maisons forment actuellement l'hôtel de Salvandy.	2.000
M. Mac Mahon, rue du Regard.	2.480
M. et Mᵐᵉ de Robecq	9.800
M. de Montbel.	1 600
M. de Chalons	1.632
M. de Croy, (actuellement nº 5).	8.382 15
M. de Cambray	8.095
M. de Brézé, au coin des rues du Regard et du Cherche-Midi	7.000
M. de Cordon, (actuellement hôtel du Conseil de Guerre	12.000
Total	66.176 15

(Archives de l'Hôtel-de-Ville)

Ces ressources, considérables pour l'époque, et augmentées par la vente de l'Elixir des Carmes, étaient employées à payer les frais de construction du monastère et de la chapelle, et à servir de nombreuses pensions viagères. Le reste était la fortune des pauvres.

Les Carmes furent toujours populaires à Paris, à tel point que non seulement ils ne furent point inquiétés lors de la Révolution, mais encore, pendant cette horrible journée où l'on massacrait les prêtres dans leur jardin, les quelques religieux demeurés dans le couvent n'eurent aucun mal, et l'on prit même la précaution d'aller les rassurer dans leurs cellules. Malgré cette sollicitude, ils jugèrent prudent de ne pas compter trop longtemps sur la bienveillance des assassins, et ils rentrèrent dans la vie civile, conformément à la loi du 17 août, qui prescrivait à tous les membres des communautés religieuses d'évacuer avant le 1er octobre les maisons occupées par eux, et qui seraient vendues au profit de l'État : c'était l'article Sept de l'époque.

Le couvent des Carmes resta désert pendant quatre mois; en mars 1792, les administrateurs des biens nationaux le louèrent, moyennant 4,280, livres à un individu qui en fit le Bal des Tilleuls. Ce n'étaient plus les « mondains qui venaient y faire leurs plus notables récréations », c'était la populace qui venait y danser la hideuse Carmagnole sur les cadavres à peine enterrés des martyrs. Ces saturnales durèrent jusqu'en novembre de la même année; à ce moment le couvent fut transformé en maison de détention, et la Montagne triomphante y envoya ses victimes par fournées. Par les soins de cet odieux régime, il semblait n'y avoir plus que deux choses dans Paris, la prison et l'échafaud : les prisons regorgeaient, on guillotinait pour faire de la place.

Depuis le 26 frimaire an II (16 décembre 1793) jusqu'à la fin de vendémiaire an III (octobre 1794), c'est-à-dire en moins d'une année, plus de huit cents personnes furent emprisonnées aux Carmes. De ce nombre étaient le vicomte Alexandre de Beauharnais, ancien général de l'armée du Rhin, et sa femme, la belle et si bonne Joséphine qu'attendaient de si étranges destinées; l'amiral de Montbazon-Rohan, Champcenetz, le rédacteur des *Actes des Apôtres*, Deschamps-Destournelles, ancien ministre, Gallet de Santerre, banquier, Gouy d'Arcy, ex-maréchal de camp, Boucher d'Argis, ancien conseiller au Châtelet, le prince allemand de Salm-Kirbourg, le comte de Soyecourt, le duc de Béthune-Charost, le général irlandais Ward, M. de Héraut-Caumont, beau-frère de La Rochejaquelein, Claude Santerre, ancien commandant de la garde nationale, l'homme au roulement de tambours du 21 janvier, le chanoine d'Autichamp, frère du chef vendéen, Hoche, commandant en chef de l'armée de la Moselle, la gloire des armes républicaines, la duchesse d'Aiguillon, née de Noailles, Mme de Bragelogne, supérieure des Ursulines, et sa sœur, la marquise de Paris-Montbrun, Delphine Sabran, veuve de Custine le jeune, et combien, combien d'autres encore !

Un grand nombre d'entre les détenus, après avoir été traînés de prison en prison, furent envoyés à l'échafaud ; d'autres, plus heureux, furent sauvés par la mort de Robespierre, et à la fin d'octobre 1794, il ne restait plus un seul prisonnier dans le couvent, qui fut alors transformé en magasin d'approvisionnements, et quatre ans plus tard, vendu par l'administration des Domaines, avec son enclos, le tout comprenant une superficie de 33,588 mètres. La rue d'Assas enleva à la propriété la moitié environ de son étendue ; enfin le prolongement de la rue de Rennes, en 1867, lui enlevait dans les 3,000 mètres expropriés le sanctuaire vénéré des Martyrs. Nous pensons que ce sanctuaire devait se trouver entre le dernier tronçon de la rue d'Assas et de la rue de Rennes, en un endroit où, il y a deux ans, on voyait encore un accacia dans un terrain où l'on a bâti depuis la maison qui porte le numéro 98 de la rue de Rennes.

Les détenus politiques ont laissé de nombreuses inscriptions dans les cellules où ils ont été renfermés : l'inscription murale fut de tout temps le délassement et la consolation des prisonniers, et elle fournit de précieux documents à l'histoire en même temps qu'à la philosophie. Dans la partie du couvent qui doit disparaître, au bout de ces longues voûtes basses et sombres, sous lesquelles l'imagination évoque si naturellement la vision des moines silencieux comme des ombres, on voit encore les cellules des Girondins, dans lesquelles l'historien qui fut surtout un poète, Lamartine, a placé les héros caressés du bout de sa plume, plus enthousiaste que fidèle. Il est bien établi, en effet, par des documents péremptoires, que les Girondins n'ont jamais été enfermés aux Carmes, et les inscriptions qu'on leur attribue semblent être toutes l'œuvre de Destournelles. A la vérité, le style emphatique, déclamatoire, l'orgueil naïf qui s'y révèle à chaque ligne, pouvaient les faire attribuer avec vraisemblance à ces fanatiques violents, mais convaincus, et comme tels respectables, qui n'avaient que le mot de vertu à la bouche, et prenaient tour à tour Dieu et les dieux à témoin de leur innocence.

Voici quelques unes de ces inscriptions :

Quels solides appuis dans mon malheur extrême !
J'ai pour moi l'équité, ma vertu, Dieu lui-même.

Examinez ma vie et voyez qui je suis.

Le jour n'est pas plus pur que le fond de mon cœur.

Fay que doy, Advienne que peut. | *Potius mori quam fœdari.*
Non omnis morior. | *Dum vivo spero.*
Dulce est et Decorum pro Patria mori.

PROFESSION DE FOI POLITIQUE & RELIGIEUSE

Ne croyez point l'impie et l'erreur téméraire ;
Ainsi que la vertu, le crime a son salaire ;
Le juste dans son cœur goûte un plaisir touchant ;
Tous les moments pour lui s'écoulent pleins de charmes :
  Le remords, les alarmes
  Déchirent le méchant.

Le juste et le mortel vaillant et secourable
Qui nourrit, qui défend, éclaire son semblable,
Qui du bonheur public fait son plus doux plaisir,
Quand le devoir commande, il voit la mort sans crainte,
  Et pour l'amitié sainte
  Il sait aussi périr.

Mais le mortel pervers et le dur égoïste
Qui méprise la loi, qui toujours lui résiste,
Qui d'un frère souffrant jamais n'entend la voix,
Qui fait d'un vil trésor sa passion chérie,
  Le traître à sa patrie,
  Le lâche ami des rois.

Les Girondins, décrétés d'accusation le 2 juin 1792, furent gardés à vue chez eux, puis conduits au Luxembourg, à l'Abbaye, à la grande Force, et enfin à la Conciergerie. Ils ne sont donc pour rien dans les inscriptions de cette cellule à laquelle la tradition a conservé improprement leur nom.

Il est encore une autre chambre qui attire l'attention des visiteurs, c'est la Chambre des épées, ainsi nommée en raison d'une longue traînée de sang qu'on voit sur la muraille, où elle semble avoir été produite par le séjour de deux épées sanglantes. Cette pièce étant située au haut de l'escalier près duquel on égorgeait, il est très admissible que les assassins, une fois leur besogne faite, soient montés là pour se reposer dans l'orgie du vin de l'orgie du sang.

Ces empreintes ont été conservées par M⅀ de Soyecourt, ainsi qu'une inscription signée : Citoyenne Tallien, Joséphine veuve Beauharnais, Daiguillon : « Oh ! liberté, quand cesseras-tu d'être un vain mot ? Voici aujourd'hui dix-sept jours que nous sommes enfermés. On nous dit que nous sortirons demain, mais n'est-ce pas là un vain espoir ? » Il est à croire que cette inscription, où le mot *enfermés* se trouve au masculin, est encore de Destournelles. Les signatures de Joséphine et de la duchesse d'Aiguillon semblent authentiques, mais il y a lieu de supposer que c'est par hasard qu'elles se trouvent au bas de cette inscription. Quant à celle de la « citoyenne Tallien » elle est incontestablement apocryphe, car il ne restait plus un seul prisonnier aux Carmes, lorsque la belle marquise de Fontenai épousa le célèbre Conventionnel.

A côté de la Chambre aux épées se trouve une grande pièce voûtée, qui avait été autrefois la salle du Chapitre et qui fut, pendant la Terreur, le tribunal révolutionnaire. Un peu plus loin, la cellule du Père Lacordaire, transformée en oratoire. Il faudrait ignorer le rôle immense joué par cet illustre fils de saint Dominique, pour ne pas se sentir pénétré d'une émotion profonde en contemplant l'humble cellule où vécut pendant quinze ans le lutteur intrépide, l'orateur puissant, l'athlète indompté de toutes les libertés, et le saint moine qui, au soir de ses incomparables triomphes, quand il avait vu l'élite de la France suspendue à ses lèvres et toute vibrante des merveilleux enthousiasmes qu'il excitait en elle, défendait son cœur de l'aiguillon de l'orgueil en mêlant, dans un holocauste volontaire, son sang avec la poussière des martyrs.

Telle est l'histoire de ces murailles dont une partie, rongée par le temps, va disparaître. L'Institut Catholique aura une demeure plus en rapport avec les besoins de son nombreux personnel ; mais comment ne pas donner un regret à ces témoins du passé qui semblent, en s'écroulant, le faire plus passé encore, presque le néant ! Ce qui ne laisse de trace nulle part a-t-il vraiment jamais été ? Et l'histoire elle-même ne serait-elle pas une immense fiction ? Mais la légende des pierres, qui enfonce ses racines dans les entrailles de la terre, oh ! comme elle est vivante, comme elle est éternelle, comme elle semble dire dans la majestueuse solennité de son silence, ce que dit l'Evangéliste : « Celui qui a vu ces choses les raconte, et il sait que son témoignage est véritable. »

Ainsi parlent les pierres, ainsi parleront-elles de génération en génération, jusqu'au jour où, les temps étant accomplis, la poussière humaine se dégageant de la poussière des choses, surgira des profondeurs insondées de ce grand cimetière qu'est la terre, et à travers les fulgurations entrevues par le Voyant d'Israel, ravi d'épouvante, s'en viendra, portée par les quatre vents des cieux, reconstituer devant le Juge suprême des vivants et des morts ce qui fut les hommes.

M. MAUGERET.

www.ingramcontent.com/pod-product-compliance
Ingram Content Group UK Ltd.
Pitfield, Milton Keynes, MK11 3LW, UK
UKHW020915140726
13695UKWH00006B/2548